AF561061

ORDONNANCE DU ROY,

Portant Reglement pour le Payement des Troupes de Sa Majesté.

Du 6. Avril 1718.

A PARIS,

DE L'IMPRIMERIE ROYALE.

M. DCCXVIII.

ORDONNANCE DU ROY,

Portant Reglement pour le Payement des Troupes de Sa Majesté.

Du 6. Avril 1718.

DE PAR LE ROY.

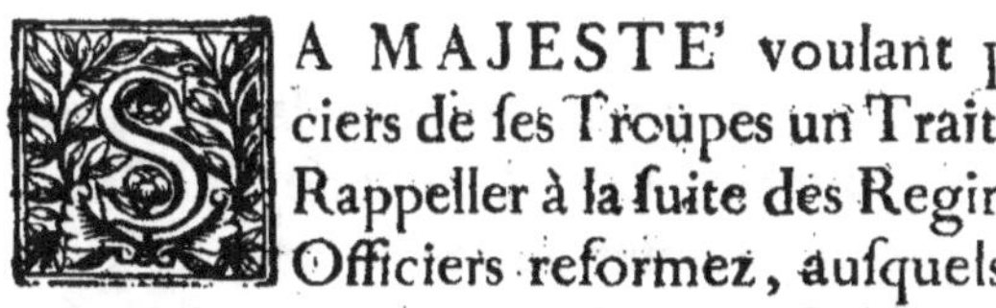

SA MAJESTE' voulant procurer aux Officiers de ses Troupes un Traitement avantageux; Rappeller à la suite des Regimens une partie des Officiers reformez, ausquels Elle avoit permis de s'absenter; Et accorder aux Soldats, Cavaliers & Dragons une augmentation de Solde, a, de l'avis de Monsieur le Duc d'Orleans Regent, Ordonné ce qui suit.

ARTICLE PREMIER.

QU'A commencer du premier May prochain, les Bataillons d'Infanterie Françoise, à la reserve des Regimens

Royal Artillerie & des Bombardiers, ſoient composez de neuf Compagnies chacun, y compris une Compagnie de Grenadiers; Et pour maintenir les Bataillons d'un meſme Regiment dans une égale force, Sa Majeſté en confirmant ce qui eſt porté par les anciennes Ordonnances, Veut que les Compagnies d'un Regiment de pluſieurs Bataillons, ſervent dans leſdits Bataillons ſuivant le rang de leurs Capitaines; Que les Compagnies de Grenadiers ſoient miſes ſuivant leur ancienneté à la teſte du premier & des autres Bataillons dudit Regiment; Que la Compagnie Colonelle, & celle du Lieutenant-Colonel demeurent au premier Bataillon; Que la Compagnie du premier Capitaine ſoit dans le ſecond; Et dans les Regimens où il y a trois Bataillons, que la Compagnie du ſecond Capitaine ſoit dans le troiſiéme, Et que les autres Compagnies ſoient ainſi diſtribuées ſuivant leur rang: Voulant Sa Majeſté que le meſme ordre ſoit toûjours gardé dans tous les Regimens où il y a pluſieurs Bataillons, Et que quand il vacquera une Compagnie dans un deſdits Regimens, le Capitaine qui en ſera pourvû, prenne avec ladite Compagnie la queüe du dernier Bataillon, pour faire monter les autres Compagnies, afin qu'elles ſe trouvent dans les Bataillons où elles devront ſervir, ſelon leur rang.

II.

VEUT auſſi Sa Majeſté qu'il y ait toûjours dans chaque Compagnie de ſon Infanterie, tant Françoiſe qu'Eſtrangere, dix Outils propres à remüer la terre, que les Soldats de chaque chambrée porteront tour à tour avec leurs armes.

III.

Compagnie ordinaire d'Infanterie Françoiſe.

EN temps de Paix, les Compagnies deſdits Bataillons, a la reſerve de celle des Grenadiers, ſeront composées chacune d'un Capitaine en pied, d'un Capitaine en ſecond, d'un premier Lieutenant & d'un Lieutenant en ſecond,

cond, de trois Sergens, trois Caporaux, trois Anſpeſſades; cinquante-huit Fuſilliers & deux Tambours; Et elles ſeront payées à raiſon de Quarante-deux ſols par jour au Capitaine en ſecond, de Vingt-cinq ſols au premier Lieutenant, de Vingt ſols au Lieutenant en ſecond, de Onze ſols à chaque Sergent, de Sept ſols ſix deniers à chaque Caporal, de Six ſols ſix deniers à chaque Anſpeſſade, Et de Cinq ſols ſix deniers à chaque Soldat & Tambour; La Maſſe non compriſe dans ladite paye.

A l'égard du Capitaine en pied, lorſque ſa Compagnie aura paſſé en Reveüe ſur le pied de ſoixante-neuf hommes effectifs, non compris les Officiers, il luy ſera payé Quatre livres ſeize ſols quatre deniers par jour; Lorſqu'elle ne ſera compoſée que de ſoixante-ſept & ſoixante-huit hommes, il ne recevra que Quatre livres dix ſols; Lorſqu'elle ne ſera que de ſoixante-quatre, ſoixante-cinq & ſoixante-ſix, il ne recevra que Quatre livres cinq ſols; A ſoixante-un, ſoixante-deux & ſoixante-trois, il recevra ſeulement Quatre livres; Et à ſoixante hommes Trois livres quinze ſols; Lorſqu'elle ne ſe trouvera compoſée que de cinquante-ſept, cinquante-huit ou cinquante-neuf hommes, le Capitaine n'aura que Trois livres dix ſols par jour, dont il ne luy ſera payé que Cinquante ſols, & les vingt ſols reſtans demeureront entre les mains du Treſorier, pour eſtre le montant de cette retenuë remis, ſuivant les ordres des Inſpecteurs Generaux, ſoit au meſme Capitaine, lorſqu'il aura rêtabli ſa Compagnie, ou à celuy qui luy aura ſuccedé, & qui l'aura rêtablie.

Appointemens du Capitaine d'Infanterie Françoiſe.

S'il arrivoit que la Compagnie ne ſe trouvât lors de la Reveüe que de cinquante-ſix hommes & au-deſſous, le Capitaine n'aura que Trois livres cinq ſols par jour, ſur laquelle ſomme il ſera retenu Trente ſols par jour, qui reſteront auſſi entre les mains du Treſorier, pour le montant de cette retenüe eſtre pareillement diſtribué, par ordre de l'Inſpecteur, ainſi qu'il eſt marqué cy-deſſus.

IV.

Pour tenir lieu d'Etape aux Recrües.

SA MAJESTÉ ayant resolu de ne plus faire fournir l'Estape aux Recrües destinées pour ses Troupes, Et de ne donner à l'avenir des Routes que pour les faire loger dans les lieux de leur passage, Elle a en mesme temps Ordonné que chaque Capitaine de son Infanterie Françoise touchera chacun an, dans le temps du Semestre, la somme de Deux cens livres, pour luy tenir lieu de ladite Estape : ENTEND neanmoins Sa Majesté que lors qu'à la fin des Semestres, la Compagnie ne se trouvera pas rêtablie, ladite somme de Deux cens livres soit retenüe sur les Appointemens du Capitaine, suivant l'ordre de l'Inspecteur, pour estre remise par le Tresorier, soit au Capitaine lorsqu'il l'aura rendüe complette, ou à celuy qui en aura esté pourvû à sa place & qui l'aura rêtablie.

V.

Compagnie de Grenadiers d'Infanterie Françoise.

LA Compagnie des Grenadiers, qui est dans chaque Bataillon d'Infanterie Françoise, sera composée d'un Capitaine en pied, d'un Capitaine en second, d'un premier Lieutenant, d'un Lieutenant en second, de trois Sergens, trois Caporaux, trois Anspessades, quarante Grenadiers & un Tambour; Et sera payée à raison de Cinq livres par jour au Capitaine en pied, de Deux livres dix sols au Capitaine en second, de trente-cinq sols au premier Lieutenant, de vingt-cinq sols au Lieutenant en second, de douze sols à chacun des trois Sergens, de huit sols six deniers à chacun des trois Caporaux, de sept sols six deniers à chacun des trois Anspessades, & de six sols six deniers à chacun des quarante-un Grenadiers & Tambour, la Masse non comprise. Le Capitaine touchera de plus par Gratification vingt-deux sols six deniers par jour, lorsque sa Compagnie sera composée de cinquante hommes effectifs, les Officiers non compris, sans qu'il puisse rien pretendre de ladite Gratification, lorsque sa Compagnie se trouvera au-dessous dudit nombre de cinquante.

VI.

VEUT SA MAJESTÉ qu'au moyen de l'augmentation d'Appointemens qu'Elle a bien voulu accorder aux Capitaines de Grenadiers, ils payent à l'avenir Trente livres pour chaque Soldat qui sera tiré pour leurs Compagnies, au lieu de Vingt-deux livres dix sols qu'ils payoient cy-devant.

VII.

Masse de l'Infanterie Françoise.

OUTRE la Solde cy-dessus reglée pour les Sergens, Caporaux, Anspessades, Grenadiers, Soldats & Tambours, laquelle leur sera payée à chaque prest sans aucune retenüe, Et au moyen de laquelle ils seront tenus de s'entretenir de Linge & Chaussures, il sera encore donné deux sols par jour pour chaque Sergent, & un sol pour chaque Caporal, Anspessade, Grenadier, Soldat ou Tambour, dont la Compagnie doit estre payée sur le pied du complet, Et ce independamment du nombre effectif auquel la Compagnie pourra se trouver, lesquels deux sols par Sergent, & un sol par Grenadier & Soldat, formeront une Masse toujours complette pour l'habillement de la Compagnie, montant, Sçavoir pour celle des Grenadiers à Soixante-dix-neuf livres dix sols par mois, faisant Neuf cens cinquante-quatre livres par an, Et pour chacune des Compagnies ordinaires Cent huit livres par mois, & Douze cens quatre-vingt-seize livres par an, ce qui sera un fonds de Onze mille trois cens vingt-deux livres par an pour la Masse de chaque Bataillon, laquelle demeurera entre les mains du Tresorier, qui en donnera sa reconnoissance au Major du Regiment, ou autre Officier chargé du detail, à la fin de chaque mois, pour estre ladite Masse employée à l'habillement de la Compagnie à laquelle elle appartiendra, Et payée sur les ordres & main-levées des Inspecteurs Generaux, ainsi que par le passé.

VIII.

Gratification au Capitaine de Compagnie ordinaire de l'Infanterie Françoise, sur le fonds de la Masse.

POUR faciliter de plus en plus aux Capitaines l'Entretien de leurs Compagnies, Sa Majesté a Ordonné que sur le fonds de la Masse, il sera remis par ordre de l'Inspecteur, à chacun de ceux dont les Compagnies se trouveront complettes de soixante-neuf hommes vestus & armez, à la Reveüe qui se fera à la fin du Semestre, la somme de Deux cens quatre-vingt seize livres, pour le dédommager des frais de l'habillement de leurs Recrües; Et à l'égard des Compagnies qui ne se trouveront pas complettes dans ledit temps, VEUT Sa Majesté que ladite somme de Deux cens quatre-vingt seize livres, demeure entre les mains du Tresorier, pour estre remise, soit aux Capitaines desdites Compagnies, lorsqu'ils les auront rêtablies, ou à ceux qui en ayant esté pourvûs par leur mort, cassation ou abandonnement, les auront renduës complettes.

IX.

LORSQU'UN Soldat negligera de s'entretenir de Linge ou de Chaussure, le Capitaine de la Compagnie dont il sera, prendra l'ordre du Commandant du Corps, pour faire retenir sur la paye dudit Soldat, ce qui sera jugé necessaire pour luy acheter ce qui luy manquera; SA MAJESTÉ trouvant bon que le Commandant puisse reduire ladite paye du Soldat negligent, à quatre sols par jour dans ledit cas, jusques à ce que tout ce qui manque à l'entretien du Linge & Chaussure soit rêtabli. DEFFENDANT tres expressement Sa Majesté aux Capitaines & Subalternes, de faire de pareilles retenuës sans ordre par écrit du Commandant, lesquels ordres seront representez aux Inspecteurs, à leurs Reveües.

X.

Officier chargé du détail.

L'OFFICIER chargé de recevoir les deniers du Regiment, soit Major & Ayde-major, Capitaine en pied ou en second, sera choisi par déliberation, à la pluralité des voix

voix des Capitaines, tant en pied qu'en second, lesquels remettront à celuy qu'ils auront choisi, la Déliberation signée d'eux; Et lorsqu'ils jugeront à propos pour le bien du Regiment, de charger de ce détail un autre Officier que celuy qui aura esté precedemment choisi, Sa Majesté leur permet de le faire en observant les mesmes formalitez, aprés toutesfois en avoir obtenu la permission du Colonel visée de l'Inspecteur : Veut pareillement Sa Majesté que le Chirurgien Major, entretenu en chaque Regiment, soit choisi par les Capitaines.

XI.

LE mesme ordre sera observé pour le choix de l'Officier qui sera chargé du soin de l'habillement.

XII.

Estat Major des Regimens d'Infanterie Françoise.

LES Estats Majors desdits Regimens d'Infanterie Françoise, seront composez d'un Colonel, un Lieutenant-Colonel, un Major, un Ayde-major, un Aumosnier & un Chirurgien (Sa Majesté ayant jugé à propos de supprimer le Mareschal des Logis qui y estoit entretenu;) Et lesdits Officiers seront payez à raison de Deux livres quinze sols par jour au Colonel, de Deux livres cinq sols au Lieutenant-Colonel, de Quatre livres trois sols quatre deniers au Major, de Deux livres cinq sols à l'Ayde-major, lesquels Major & Ayde-major ne pourront avoir chacun que leursdites Charges, de dix sols à l'Aumosnier & dix sols au Chirurgien.

XIII.

SA MAJESTÉ ayant jugé à propos de supprimer la Prevosté qu'Elle entretenoit cy-devant dans les Regimens de Picardie, Champagne, Navarre, Piedmont, Normandie, la Marine, Richelieu, Bourbonnois, Auvergne, Tallard, de Pont, du Roy, Royal, Lyonnois, Dauphin, Anjou, du Mayne, la Reyne, Royal des Vaisseaux, Orleans, la Couronne, Artois, Vendosme, Royal Roussillon, Condé, Bourbon, Royal la Marine, Royal

Comtois, Mailly, Nice, Toulouſe, Chartres, Conty, Enghien; Son intention eſt, qu'au lieu & place de ladite Prevoſté, il ſoit payé à chacun des Colonels deſdits Regimens deux livres cinq ſols par jour, outre & par-deſſus les deux livres quinze ſols qu'ils doivent toucher en qualité de Colonels, conformement à l'Article precedent.

XIV.

Commandant & Ayde-Major de Bataillon.

LE Commandant de chacun des Bataillons qui ne ſont point chefs de Regimens, aura en cette qualité deux livres cinq ſols par jour, recevant d'ailleurs le meſme Traitement que les autres Capitaines du Bataillon; Et l'Ayde-Major qui eſt à la ſuite de chacun deſdits Bataillons, où il ne pourra avoir que cette Charge, recevra pareille ſomme de deux livres cinq ſols par jour.

XV.

Appointemens de Capitaines, en qualité de cy-devant Commandans de Bataillons.

LES Capitaines qui commandoient les ſeconds & troiſiémes Bataillons, qui ont eſté incorporez dans les premiers Bataillons des meſmes Regimens, & qui y ſont entrez avec leurs Compagnies, Sçavoir, les S.rs Soüin du Regiment Royal, Sainte Marie du Dauphin, Aubery de la Reyne, Courcelles du Royal des Vaiſſeaux, Fernex de Bretagne, Caſtron du Perche, Cornoüailles d'Artois, Plemarets de Louvigny, Saint Hilaire de Vendoſme, Lalouviere de Royal Rouſſillon, Sirmond de Beauvoiſis, Taucaut de Roüergues, Feneſtre de Bourgogne, d'Anſelme de Royal la Marine, de Grave de Vermandois, Rouſſel de Sourches, Dupré de Medoc, Deſaunais de Genſac, Lombard du Royal Comtois, Guerin de Lyonne, Signier de Provence, Doüarne de Guyenne, du Bouſquet de Lorraine, Accarel de Flandres, la Beuſſiere de Bearn, Vaillant Deſaunais de Haynault, Fontaine de Boulonnois, Seve de Xaintonge, le Brun de Bigorre, Teſſier de Breſſe, Gontier de Quercy, la Tour de Nivernois, Duperet de Brie, Duſoſſé de Soiſſonnois, Saint Jullien Fayet de l'Iſle de

France, Fleurian de Vexin, la Roque d'Aunix, Cuigy de Beauce, Duhauzel de Luxembourg, Beauchesne de Bassigny, Boistaché de Ponthieu, Duidaniel de Solre, Larnage d'Olonne, Landra de Perin, Jossaud de Blaisois, Bellac d'Auxerrois, du Cluseaux d'Agenois, du Boucher de Santerre & Vabois d'Enghien, continüeront de toucher les vingt sols par jour, qu'ils recevoient en qualité de Commandans desdits Bataillons, jusques à ce qu'ils parviennent à quelque Grade; Sa Majesté veut bien aussi les dispenser de monter la Garde dans lesdits Bataillons.

XVI.

Royal Artillerie.

LES quatre Bataillons du Regiment Royal Artillerie, qui sont composez chacun d'une Compagnie d'Ouvriers, de trois Compagnies de Canoniers & de quatre Compagnies de Fusiliers, seront payez, Sçavoir chacune desdites quatre Compagnies d'Ouvriers dudit Regiment, qui est composée du Capitaine, de deux Lieutenans, deux sous-Lieutenans, quatre Sergens, quatre Caporaux, six Anspessades, soixante-quatre Fusiliers-Ouvriers, & deux Tambours, à raison de trois livres par jour au Capitaine, de quarante sols à chacun des deux Lieutenans, de trente sols à chacun des deux sous-Lieutenans, de vingt sols six deniers à chaque Sergent, de quinze sols six deniers à chaque Caporal, de douze sols six deniers à chaque Anspessade, & de dix sols six deniers à chaque Fusilier-Ouvrier ou Tambour. Le Capitaine, outre ce qui est marqué cy-dessus pour luy, recevra sept payes d'Ouvriers de dix sols six deniers chacune de Gratification par jour, quand sa Compagnie se trouvera de quatre-vingt hommes sans les Officiers; six desdites payes lorsqu'elle sera de soixante-quinze, & quatre quand ladite Compagnie sera de soixante-dix, les Officiers non compris; Sa Majesté Entendant qu'il ne reçoive aucune paye de Gratification, si sa Compagnie se trouve au dessous dudit nombre de soixante-dix.

Compagnie d'Ouvriers.

XVII.

Compagnie de Canoniers.

LES trois Compagnies de Canoniers, qui sont en chacun des quatre Bataillons dudit Regiment Royal Artillerie, seront composées chacune du Capitaine, d'un Lieutenant, un Enseigne dans la Compagnie Colonelle dudit Regiment, & d'un sous-Lieutenant pour les autres Compagnies, deux Sergens, trois Caporaux, trois Anspessades, trente-un Canoniers & un Tambour; Et seront payées, à raison de trois livres par jour au Capitaine, trente sols au Lieutenant, vingt sols au sous-Lieutenant ou Enseigne, de seize sols six deniers à chaque Sergent, d'onze sols deux deniers à chaque Caporal, de dix sols un denier à chaque Anspessade, & de huit sols six deniers à chaque Canonier ou Tambour : Le Capitaine recevra, outre ce qui est marqué cy-dessus pour luy, trois payes de Gratification de huit sols six deniers chacune par jour, lorsque sa Compagnie sera de quarante hommes, les Officiers non compris, deux desdits payes à trente-huit, & une seulement quand elle se trouvera à trente-cinq, n'en devant recevoir aucune quand elle sera au dessous dudit nombre de trente-cinq.

XVIII.

Compagnie de Fusiliers.

LES quatre Compagnies de Fusiliers, qui sont en chacun des quatre Bataillons dudit Regiment Royal Artillerie, composées chacune d'un Capitaine & un Lieutenant, deux Sergens, trois Caporaux, trois Anspessades, trente-un Fusiliers & un Tambour, seront payées à raison de cinquante sols par jour au Capitaine, de vingt sols au Lieutenant, de onze sols six deniers à chaque Sergent; de huit sols six deniers à chaque Caporal, de sept sols six deniers à chaque Anspessade, & de six sols six deniers à chaque Fusilier ou Tambour; Et le Capitaine, outre l'appointement cy-dessus, recevra encore trois payes de Gratification de six sols six deniers chacune par jour, lorsque sa Compagnie se trouvera complette de quarante hommes

sans

ſans les Officiers, deux deſdites payes lorſqu'il en aura trente-huit, & une ſeulement lorſqu'il n'en aura que trente-cinq, n'en pouvant pretendre aucune, ſa Compagnie eſtant au-deſſous dudit nombre de trente-cinq.

XIX.

Recrües du Regiment Royal Artillerie.

LES Capitaines en pied dudit Regiment Royal Artillerie, recevront chaque année dans le temps du Semeſtre, pour tenir lieu d'Eſtape à leurs Recrües; Sçavoir, chaque Capitaine de Compagnie d'Ouvriers, la ſomme de Deux cens trente livres; chaque Capitaine de Compagnies de Canoniers & de Compagnies ordinaires, celle de Cent vingt livres; Voulant Sa Majeſté que lorſque les Compagnies ne ſe trouveront pas complettes à la Reveüe qui ſe fera au retour dudit Semeſtre, leſdites ſommes ſoient retenuës ſur les Appointemens des Capitaines, ainſi qu'il eſt cy-deſſus reglé.

XX.

Eſtat Major du Regiment Royal Artillerie.

LES Officiers de l'Eſtat Major dudit Regiment Royal Artillerie, continüeront d'eſtre payez à raiſon de trente-trois ſols quatre deniers par jour au Colonel, quarante ſols au Lieutenant-Colonel, de cinquante ſols au Major, trente-trois ſols quatre deniers à l'Ayde-Major, qui ne pourra avoir que cette Charge, de vingt ſols au Mareſchal des Logis, de dix ſols à l'Aumoſnier, de dix ſols au Chirurgien, de vingt-ſix ſols huit deniers au Prevoſt, de treize ſols quatre deniers à ſon Lieutenant, de huit ſols quatre deniers au Greffier, Et de cinq ſols à chacun des cinq Archers & à l'Executeur.

XXI.

Commandant & Ayde-Major de Bataillons du Regiment Royal Artillerie.

LE Commandant de chacun des ſecond, troiſiéme & quatriéme Bataillons dudit Regiment Royal Artillerie, aura en cette qualité vingt ſols par jour, recevant d'ailleurs le Traitement de Capitaine d'Ouvriers. L'Ayde-Major qui eſt en chacun deſdits Bataillons, où il ne pourra pareillement avoir que cette Charge, recevra trente-trois ſols quatre deniers par jour, ainſi que le premier Ayde-Major dudit Regiment.

XXII.

Autres Compagnies de Canoniers du Regiment Royal Artillerie.

LES quatre Compagnies de Canoniers, qui ne ſont attachées à aucun des Bataillons dudit Regiment Royal Artillerie, compoſées chacune du Capitaine, d'un Lieutenant, deux Sergens, trois Caporaux, trois Anſpeſſades, trente-un Canoniers & un Tambour, ſeront payées à raiſon de trois livres par jour au Capitaine, de trente ſols au Lieutenant, de ſeize ſols ſix deniers à chaque Sergent, de onze ſols deux deniers à chaque Caporal, de dix ſols un denier à chaque Anſpeſſade, Et de huit ſols ſix deniers à chaque Canonier ou Tambour : Le Capitaine recevra outre ſes Appointemens, trois payes de Gratification de huit ſols ſix deniers chacune par jour, lorſque ſa Compagnie ſera de quarante hommes, les Officiers non compris, deux deſdites payes à trente-huit, & une ſeulement quand elle ſe trouvera à trente-cinq, n'en devant recevoir aucune quand elle ſera au-deſſous dudit nombre de trente-cinq.

XXIII.

Regiment des Bombardiers.

DANS le Regiment des Fuſiliers-Bombardiers du Roy, qui eſt compoſé de la Compagnie du S.r Deſtouches Lieutenant-Colonel, de celle du S.r de la Roche, & de ſept autres Compagnies ordinaires; ladite Compagnie de Destouches qui doit eſtre compoſée du Capitaine, de deux Lieutenans, deux Sous-Lieutenans, un Enſeigne, quatre Sergens, quatre Caporaux, ſix Anſpeſſades, quarante Bombardiers, dix Ouvriers, vingt-quatre Fuſiliers, & deux Tambours, ſera payée à raiſon de Sept livres dix-ſept ſols par jour au Capitaine, trente ſols à chaque Lieutenant, vingt ſols à chaque Sous-Lieutenant, vingt-deux ſols ſix deniers à l'Enſeigne, de douze ſols ſix deniers à chaque Sergent, de huit ſols ſix deniers à chaque Caporal, de ſept ſols ſix deniers à chaque Anſpeſſade, de vingt ſols ſix deniers à chacun des vingt anciens Bombar-

Compagnie de Deſtouches.

diers, de quinze ſols ſix deniers à chacun des dix autres Bombardiers, de douze ſols ſix deniers à chacun encore des dix autres Bombardiers, de dix ſols ſix deniers à chaque Ouvrier, de ſix ſols ſix deniers à chaque Fuſilier, & de ſix ſols ſix deniers à chaque Tambour; Et le Capitaine recevra, outre l'appointement qui luy eſt cy-deſſus ordonné, huit payes de Gratification de ſix ſols ſix deniers chacune par jour, lorſque ſa Compagnie ſe trouvera depuis quatre-vingt cinq hommes, juſques à quatre-vingt-dix, les Officiers non compris.

XXIV.

Compagnie de la Roche.

LADITE Compagnie du S.r de la Roche doit eſtre compoſée du Capitaine, d'un Lieutenant, d'un Sous-Lieutenant, deux Sergens, trois Caporaux, quatre Anſpeſſades, dix Bombardiers, quarante Fuſiliers & un Tambour; Et eſtre payée à raiſon de cinq livres par jour au Capitaine, de trente ſols au Lieutenant, de vingt ſols au Sous-Lieutenant, de douze ſols ſix deniers à chaque Sergent, de huit ſols ſix deniers à chaque Caporal, de ſept ſols ſix deniers à chaque Anſpeſſade, de douze ſols ſix deniers à chaque Bombardier, & de ſix ſols ſix deniers à chaque Fuſilier & Tambour: Le Capitaine de ladite Compagnie devant recevoir, outre ſes Appointemens, quatre payes de Gratification de ſix ſols ſix deniers chacune par jour, lorſque ſa Compagnie ſera de cinquante-cinq juſques à ſoixante hommes, ſans les Officiers.

XXV.

Compagnie ordinaire du Regiment des Bombardiers.

CHACUNE des ſept autres Compagnies dudit Regiment, doit avoir un Capitaine, un Lieutenant, deux Sergens, trois Caporaux, trois Anſpeſſades, trente-un Fuſiliers & un Tambour, la premiere deſdites ſept Compagnies ayant un Enſeigne; Et le Capitaine de chaque Compagnie ſera payé à raiſon de cinquante ſols par jour, le Lieutenant de vingt ſols, l'Enſeigne de la premiere Compagnie de quinze ſols, chaque Sergent de onze ſols ſix deniers, chaque Caporal de huit ſols ſix deniers, chaque Anſpeſſade de ſept ſols ſix deniers, Et chacun des trente-un Fuſiliers & le Tambour, de ſix ſols ſix deniers: Le Capitaine recevra de plus trois payes de Gratification de ſix ſols ſix deniers chacune par jour, lorſque ſa Compagnie ſe trouvera de quarante hommes, ſans les Officiers, deux quand elle ſera de trente-huit, & une ſeulement lorſqu'elle ne ſera que de trente-cinq, ſans que le Capitaine en puiſſe pretendre aucune, ſa Compagnie eſtant au-deſſous dudit nombre de trente-cinq, les Officiers non compris.

XXVI.

Recrües du Regiment des Bombardiers du Roy.

LES Capitaines en pied dudit Regiment des Bombardiers du Roy, recevront chaque année dans le temps du Semeſtre, pour tenir lieu d'Eſtape à leurs Recrües; Sçavoir, le S.r Deſtouches la ſomme de Deux cens ſoixante livres; Le S.r de la Roche celle de Cent ſoixante-dix livres, Et chaque Capitaine de Compagnie ordinaire, celle de Cent vingt livres; Voulant Sa Majeſté que lorſque leurs Compagnies ne ſe trouveront pas complettes à la Reveüe qui ſe fera au retour dudit Semeſtre, leſdites ſommes ſoient retenuës ſur les Appointemens des Capitaines, ainſi qu'il eſt cy-devant reglé.

XXVII.

Eſtat Major du Regiment des Bombardiers.

LES Officiers de l'Eſtat Major du Regiment des Bombardiers, ſeront payez à raiſon de trente ſols par jour au Lieutenant Colonel, de trois livres au Major, de cinquante ſols à l'Ayde-major, qui ne pourra avoir que cette Charge, de vingt ſols au Mareſchal des Logis, de dix ſols à l'Aumoſnier, de dix ſols au Chirurgien, de vingt-ſix ſols huit deniers au Prevoſt, de treize ſols quatre deniers à ſon Lieutenant, de huit ſols quatre deniers au Greffier, & de cinq ſols à chacun des cinq Archers & à l'Executeur. Et au S.r Romillé qui commandoit cy-devant le ſecond Bataillon dudit Regiment, les vingt ſols par jour qu'il recevoit en qualité de Commandant, juſques à

ce

ce qu'il parvienne à quelque grade ; Et Sa Majesté a bien voulu aussi le dispenser de monter la Garde dans ledit Regiment.

XXVIII.

CONFORMEMENT à l'Article XLIV. de l'Ordonnance du 2. Juillet 1716. Sa Majesté deffend tres expressement aux Capitaines & autres Officiers de ses Troupes d'Infanterie, de promettre & donner aux Soldats de leurs Compagnies une solde plus forte que celle portée par les Ordonnances, à peine d'estre cassez.

XXIX.

LES Capitaines des Bataillons d'Infanterie Françoise pourront avoir dans leurs Compagnies dix Soldats estrangers en temps de Paix, au lieu des cinq que Sa Majesté leur avoit cy-devant permis d'enroller, Et vingt en temps de Guerre, sans que les Capitaines des Regimens Estrangers puissent doresnavant reprendre ceux de leur nation qui se trouveront dans des Regimens François, à l'exception toutesfois des Capitaines Suisses qui pourront, ainsi que par le passé, reprendre les Soldats de leur nation dans les Compagnies Françoises où il s'en trouvera.

XXX.

Officiers Reformez d'Infanterie Françoise, retirez dans les Provinces.

A l'égard des Officiers Reformez, qui ne seront point remplacez dans les Bataillons d'Infanterie Françoise, & à qui il sera permis de rester dans les Provinces jusques à nouvel ordre, ils y seront payez de leurs Appointemens, suivant les Estats qui en seront expediez & envoyez dans chaque Department & Generalité.

XXXI.

Officiers Reformez à la suite des Regimens Royal Roussillon, Mailly & Nice.

CEUX que Sa Majesté a bien voulu entretenir à la suite des Regimens Royal Roussillon, Mailly & Nice, & qui ne seront point remplacez dans lesdits Bataillons, continüeront d'estre payez, Sçavoir, les Colonels & Lieutenans-Colonels, suivant les ordres particuliers qui leur en ont esté expediez ; les Capitaines à raison de Quatre cens cinquante livres par an, Et les Lieutenans sur le pied de Deux cens quarante livres.

XXXII.

Officiers Reformez, Partisans, Soldats de fortune & autres, à la suite des Regimens d'Infanterie Françoise.

Les Officiers Reformez, Partisans, Soldats de fortune & autres, entretenus à la suite des Regimens d'Infanterie Françoise, & qui n'auront point esté remplacez comme Capitaines ou Lieutenans en second, continüeront pareillement d'estre payez conformement aux ordres particuliers qui leur seront expediez.

XXXIII.

Officiers Reformez Ingenieurs.

Les Ingenieurs entretenus en qualité de Capitaines & Lieutenans Reformez à la suite desdits Regimens, & qui sont employez pour le Service de Sa Majesté dans les Places, continüeront d'y estre payez à raison de vingt-cinq sols par jour au Capitaine Reformé, Et de treize sols quatre deniers au Lieutenant Reformé.

XXXIV.

Mineurs.

Compagnie de Valiere.

La Compagnie de Mineurs de Valiere, qui est de trente hommes les Officiers non compris, sera payée à raison de cinq livres deux sols par jour au Capitaine, de trois livres six sols huit deniers au premier Lieutenant, de cinquante sols au second Lieutenant, de quarante sols à chacun des deux Sous-Lieutenans, de trente-trois sols dix deniers à chacun des quatre Commandans, de vingt-trois sols dix deniers à chacun des quatre Caporaux, de vingt sols six deniers à chacun des vingt-un Mineurs, & de dix sols six deniers au Tambour : Le Capitaine de ladite Compagnie aura de plus trois payes de gratification de dix sols six deniers chacune par jour, lorsque sa Compagnie sera de trente hommes, les Officiers non compris, Et touchera en outre six livres treize sols quatre deniers par jour, par forme de supplement d'Appointemens.

XXXV.

Compagnie de Francard.

La Compagnie de Mineurs de Francard, qui est aussi de trente hommes les Officiers non compris, sera payée à raiſon de ſix livres par jour au Capitaine; de trois livres au premier Lieutenant, de cinquante ſols au ſecond Lieutenant, de quarante ſols à chacun des deux Sous-Lieutenans, de trente ſols ſix deniers à chacun des deux Sergens, de vingt ſols ſix deniers à chacun des deux Caporaux, de quinze ſols ſix deniers à chacun des ſeize anciens Mineurs, de dix ſols ſix deniers à chacun des neuf autres Mineurs, & de dix ſols ſix deniers au Tambour; Et le Capitaine recevra, outre ſes Appointemens, trois payes de gratification à dix ſols ſix deniers chacune par jour, lorſque ſa Compagnie ſera de trente hommes, ſans les Officiers.

XXXVI.

Compagnie de l'Orme.

La Compagnie de Mineurs de l'Orme, qui eſt à trente hommes, les Officiers non compris, ſera payée à raiſon de ſix livres par jour au Capitaine, de trois livres au Lieutenant, de quarante ſols au Sous-Lieutenant, de trente ſols ſix deniers à chacun des deux Sergens, de vingt ſols ſix deniers à chacun des deux Caporaux, de quinze ſols ſix deniers à chacun des ſeize anciens Mineurs, de dix ſols ſix deniers à chacun des neuf autres Mineurs; & de dix ſols ſix deniers au Tambour; Et le Capitaine recevra, outre ſes Appointemens, trois payes de gratification de dix ſols ſix deniers chacune par jour, lorſque ſa Compagnie ſe trouvera de trente hommes, ſans les Officiers.

XXXVII.

Compagnie de Dabin.

La Compagnie de Mineurs de Dabin, qui eſt auſſi à trente hommes, les Officiers non compris, ſera payée à raiſon de ſix livres par jour au Capitaine, de trois livres au Lieutenant, de quarante ſols au Sous-Lieutenant, de vingt ſols ſix deniers au premier Sergent, de ſeize ſols ſix deniers au ſecond Sergent, de dix ſols ſix deniers à chacun des trois Caporaux, de huit ſols ſix deniers à chacun des trois Anſpeſſades, & de ſept ſols ſix deniers à chacun des vingt-un Mineurs & au Tambour; Et le Capitaine recevra, outre ses Appointemens, trois payes de gratification de sept sols six deniers chacune par jour, lorsque sa Compagnie se trouvera de trente hommes, sans les Officiers.

XXXVIII.

Compagnie de Canoniers de Ferrand de Cossay.

La Compagnie de Canoniers de Ferrand de Cossay, qui est composée de quarante hommes, sans les Officiers, sera payée à raison de six livres par jour au Capitaine, de quarante sols au premier Lieutenant, de trente sols au second Lieutenant, de vingt sols à l'Enseigne, de vingt sols six deniers à chacun des quatre Ouvriers, de seize sols six deniers à chacun des deux Sergens, de onze sols six deniers à chacun des trois Caporaux, de dix sols un denier à chacun des trois Anspessades, & de huit sols six deniers à chacun des vingt-sept Canoniers & au Tambour : Le Capitaine devant recevoir trois payes de gratification de huit sols six deniers chacune, quand la Compagnie sera de quarante hommes, deux desdites payes lorsqu'elle sera de trente-huit, & une seulement lorsqu'elle se trouvera de trente-cinq, sans les Officiers.

XXXIX.

Compagnie Franche de Monaco.

La Compagnie Franche de Monaco, sera payée à raison de cinquante sols par jour au Capitaine, de vingt-cinq sols au Capitaine en second qui est en ladite Compagnie, de vingt sols au Lieutenant, de quinze sols à l'Enseigne, de dix sols six deniers à chacun des deux Sergens, de sept sols six deniers à chacun des trois Caporaux, de six sols six deniers à chacun des cinq Anspessades, & de cinq sols six deniers à chaque Fusilier, jusques au nombre de quarante, compris un Tambour : Le Capitaine aura de plus quatre payes de gratification de cinq sols six deniers chacune par jour, lorsque sa Compagnie sera composée de cinquante hommes, les Officiers non compris.

XL.

Compagnie Franche de Saumery.

LA Compagnie Franche de Saumery, qui eſt aux Iſles Sainte Marguerite & de Saint Honorat, doit eſtre compoſée du Capitaine, de deux Lieutenans, deux Sergens, un Caporal, un Anſpeſſade, & trente-un Soldats, Et payée à raiſon de deux livres dix-huit ſols quatre deniers par jour au Capitaine, qui aura de plus auſſi par jour onze livres cinq ſols par augmentation d'Appointemens, de trente ſols à chaque Lieutenant, & encore trente-trois ſols quatre deniers d'Appointemens extraordinaires, de douze ſols à chacun des deux Sergens, de huit ſols au Caporal, de ſept ſols à l'Anſpeſſade, de ſix ſols à chaque Soldat; Et le Chapelain qui eſt avec ladite Compagnie ſera payé à raiſon de ſeize ſols huit deniers par jour.

XLI.

Compagnie ordinaire Invalide.

LES Compagnies de l'Hoſtel des Invalides, qui ſont preſentement ſur le pied de ſoixante hommes, à la reſerve de celle de Breuze, dont il ſera parlé cy-aprés, ſeront payées à raiſon de cinquante ſols par jour au Capitaine, de vingt ſols à chaque Lieutenant, de dix ſols à chacun des trois Sergens, de ſept ſols à chacun des trois Caporaux, de ſix ſols à chacun des trois Anſpeſſades, & de cinq ſols à chacun des cinquante Soldats & au Tambour.

XLII.

Compagnie de Breuze Invalide.

LADITE Compagnie de Breuze, qui eſt compoſée d'un Capitaine-Commandant, d'un Capitaine en ſecond; de quatre Lieutenans, de trois Sergens, trois Caporaux, trois Anſpeſſades, & de cinquante-un Soldats, compris un Tambour, ſera payée à raiſon de cinquante ſols par jour au Capitaine-Commandant, & au Capitaine en ſecond, de vingt ſols à chaque Lieutenant, de douze ſols à chaque Sergent, de neuf ſols à chaque Caporal, de huit ſols à chaque Anſpeſſade, & de ſept ſols à chaque Soldat & Tambour.

XLIII.

En Temps de Guerre.

Compagnie ordinaire d'Infanterie Françoise.

LES Compagnies des Bataillons d'Infanterie Françoise, à l'exception de celle de Grenadiers, qui restera composée & payée comme en Temps de Paix sur le pied de cinquante hommes, seront augmentées chacune d'un Sergent, d'un Caporal, d'un Anspessade, & de dix-neuf Fusiliers, lesquels recevront, ainsi qu'il est reglé cy-devant pour le Temps de Paix; Sçavoir, le Sergent onze sols par jour, le Caporal sept sols six deniers, l'Anspessade six sols six deniers, & le Fusilier cinq sols six deniers, au moyen de laquelle augmentation, chaque Compagnie desdits Bataillons sera composée d'un Capitaine en pied, d'un Capitaine en second, d'un prémier Lieutenant, d'un Lieutenant en second, de quatre Sergens, quatre Caporaux, quatre Anspessades, soixante-dix-sept Fusiliers, & deux Tambours.

XLIV.

Appointemens du Capitaine d'Infanterie Françoise.

LORSQUE lesdites Compagnies seront de quatre-vingt onze hommes effectifs, sans les Officiers, le Capitaine touchera quatre livres seize sols quatre deniers par jour; de quatre-vingt neuf & quatre-vingt dix hommes, quatre livres dix sols; de quatre-vingt six, quatre-vingt sept & quatre-vingt huit hommes, quatre livres cinq sols; de quatre-vingt trois, quatre-vingt quatre & quatre-vingt cinq hommes, quatre livres; de quatre-vingt deux hommes, trois livres quinze sols; lorsqu'elles ne se trouveront composées que de soixante-dix-neuf, quatre-vingt ou quatre-vingt un hommes, le Capitaine n'aura que trois livres dix sols par jour, dont il ne recevra que cinquante sols, Et les vingt sols restans demeureront entre les mains du Tresorier, pour estre payez, ainsi qu'il sera ordonné par les Inspecteurs Generaux, suivant ce qui a esté cy-devant reglé pour lesdites Compagnies en Temps de

Paix : Et s'il arrivoit qu'une Compagnie ne se trouvast composée que de soixante-dix-huit hommes & au dessous, le Capitaine n'aura que trois livres cinq sols par jour, sur laquelle somme il luy sera retenu trente sols par jour, pour estre la somme provenant de cette retenüe, payée par le Tresorier, suivant ce qui est cy-dessus expliqué.

XLV.

Masse de l'Infanterie Françoise.

LA Masse sera payée complette en Temps de Guerre, sur le pied de quatre Sergens & quatre-vingt sept, Caporaux, Anspessades, Soldats & Tambours par Compagnie ordinaire, montant pour chacune à cent quarante-deux livres dix sols par mois, faisant dix-sept cens dix livres par an, Et sur le pied de trois Sergens & quarante-sept, Caporaux, Anspessades, Grenadiers & Tambour par Compagnie de Grenadiers, montant à soixante-dix-neuf livres dix sols par mois, & à neuf cens cinquante-quatre livres par an, selon & ainsi qu'il est cy-devant ordonné pour lesdites Compagnies en Temps de Paix; Et ce independamment du nombre de Soldats effectifs, dont elles pourront estre composées.

XLVI.

Pour tenir lieu de Fourrage, Ustancile & autres Fournitures aux Officiers d'Infanterie Françoise.

OUTRE les Appointemens cy-dessus reglez pour les Officiers d'Infanterie Françoise, également en Temps de Paix, & en Temps de Guerre, pendant l'hyver ou durant la Campagne, ceux des Bataillons qui serviront dans les Armées, recevront de plus pour leur tenir lieu de Fourrage, Ustancile & autres fournitures en Temps de Guerre; Sçavoir, le Capitaine de Grenadiers, ou autre Capitaine en pied desdits Bataillons, la somme de Quinze cens livres par an, le Capitaine en second Quatre cens quarante livres, le premier Lieutenant Trois cens cinquante livres, le second Lieutenant Trois cens livres. Et à l'égard de ceux des Bataillons qui seront destinez pour servir dans les Places, le Capitaine en pied recevra seulement Mille livres, le Capitaine en second Trois cens livres, le premier Lieutenant Deux cens quarante livres, & le Lieutenant en second Deux cens livres.

XLVII.

Pour tenir lieu d'Estape aux Recrües.

LESDITS Capitaines en pied, à l'exception de celuy de Grenadiers, recevront de plus Quatre cens livres, pour tenir lieu d'Estape à leurs Recrües, au lieu de Deux cens livres qu'ils doivent recevoir en Temps de Paix; Entendant Sa Majesté, que lorsqu'une Compagnie ne se trouvera pas complette à la Reveüe qui se fera au retour des Semestres, ladite somme de Quatre cens livres soit retenüe sur les Appointemens du Capitaine, ainsi que Sa Majesté l'a cy-dessus reglé pour les Deux cens livres qu'Elle fait payer en Temps de Paix.

XLVIII.

Pour tenir lieu de Fourrage, Ustancile & autres Fournitures aux Officiers de l'Estat Major des Regimens d'Infanterie Françoise.

LES Officiers de l'Estat Major des Regimens d'Infanterie Françoise, qui serviront dans les Armées, outre les Appointemens qui leur sont accordez en Temps de Paix, recevront pour leur tenir lieu de Fourage, Ustancile & autres fournitures; Sçavoir, le Colonel d'un Regiment qui avoit Prevosté, Seize cens livres; le Colonel d'un Regiment où il n'y avoit pas de Prevosté, Douze cens livres; le Lieutenant-Colonel Mille livres; le Major Huit cens livres; l'Ayde-Major Quatre cens quarante livres; l'Aumosnier Trois cens vingt livres, & le Chirurgien Major pareille somme de Trois cens vingt livres. A l'égard desdits Officiers des Regimens qui seront destinez pour servir dans les Places, le Colonel d'un Regiment qui avoit Prevosté, recevra Onze cens livres, outre ses Appointemens; le Colonel dont le Regiment n'avoit point de Prevosté, Huit cens livres; le Lieutenant-Colonel Sept cens livres; le Major Cinq cens cinquante livres; l'Ayde-Major Trois cens livres; l'Aumosnier Deux cens quarante livres, & le Chirurgien pareille somme de Deux cens quarante livres.

XLIX.

DANS les Regimens où il y a plusieurs Bataillons, le Commandant de chacun des Second, Troisiéme & Quatriéme Bataillons qui serviront dans les Armées, recevront aussi d'augmentation en Temps de Guerre, pour leur tenir lieu pareillement de Fourrage, Ustancile & autres fournitures, la somme de Mille livres, Et l'Ayde-Major de chacun desdits Bataillons recevra aussi Quatre cens quarante livres d'augmentation; Et ceux des Bataillons destinez pour servir dans les Places, recevront, Sçavoir, le Commandant Sept cens livres, & l'Ayde-Major Trois cens livres.

L.

Pensions des Officiers d'Infanterie Françoise.

OUTRE le Traitement cy-dessus reglé, soit durant la Paix ou pendant la Guerre, pour les Officiers de l'Infanterie Françoise, ils continüeront de joüir des Pensions attachées à leurs Charges.

LI.

Supplement d'Appointemens & solde aux Capitaines d'Infanterie Françoise.

SA MAJESTÉ ne voulant rien omettre de ce qui peut faciliter aux Capitaines d'Infanterie Françoise le restablissement de leurs Compagnies, Elle a ordonné que les Capitaines de celles qui se trouveront plus fortes à la Reveüe du mois de Janvier, qu'aux Reveües des mois de Novembre & Decembre precedens, seront payez par forme de supplement sur ladite Reveüe de Janvier de ce qu'ils auroient dû recevoir, tant pour le payement des effectifs que pour leurs Appointemens, si leurs Compagnies s'estoient trouvées aux Reveües de ces deux mois de Novembre & Decembre au mesme nombre qu'elles se trouveront en Janvier, Et pareil decompte leur sera fait sur la Reveüe de la fin du Semestre, pour les mois de Fevrier & Mars precedens, ce qui sera observé soit pendant la Paix ou durant la Guerre.

LII.

Reveües.

EN Temps de Guerre, il sera fait pendant la Campagne trois Reveües par les Commiſſaires des Guerres, la premiere conjointement avec les Inſpecteurs Generaux au mois de May, la ſeconde au mois de Juillet, & la troiſiéme au mois de Septembre, Et le payement des Compagnies ſera fait ſur le pied des effectifs qui ſe trouveront à chacune deſdites Reveües; Voulant Sa Majeſté qu'elles ſoient payées pour les mois de May & Juin ſur celle du mois de May, pour les mois de Juillet & Aouſt ſur celle de Juillet, & pour les mois de Septembre & Octobre ſur celle de Septembre.

LIII.

Appointemens du Capitaine d'Infanterie Françoiſe pendant les ſix mois de Campagne.

A l'égard des Appointemens des Capitaines d'Infanterie Françoiſe en Temps de Guerre, l'Intention de Sa Majeſté eſt que le decompte leur en ſoit fait pour les mois de May & Juin, ſur le pied du nombre d'hommes effectif dont leurs Compagnies ſe trouveront compoſées à ladite Reveüe de May, Et que lorſque leſdites Compagnies ſe trouveront à la Reveüe de Juillet moins fortes de trois hommes qu'à celle de May, & à celle de Septembre moins fortes de ſix, le decompte des Appointemens deſdits Capitaines ſoit fait ſur le pied des effectifs dont elles eſtoient compoſées audit mois de May, & ce nonobſtant ladite diminution de trois hommes en Juillet & de ſix en Septembre.

LIV.

Et afin que le decompte deſdits Appointemens puiſſe ſe faire pendant la Campagne, le Commiſſaire des Guerres qui aura fait la Reveüe d'un Regiment d'Infanterie au mois de May, ſera tenu d'en donner une expedition en forme au Major du Regiment, ou à l'Officier chargé du detail.

LV.

Suiſſes.

Quant aux Troupes d'Infanterie Eſtrangere, que Sa Majeſté trouve bon d'entretenir pendant la Paix, chaque Compagnie des Regimens Suiſſes de Villars,

Brendlé, Castellas, Hessy, Daffry, d'Hemel, de Buisson & de Courten, pourra estre de cent soixante hommes, Et chaque homme sera payé sur le pied de seize livres par mois, dans lequel nombre de cent soixante hommes seront compris le Capitaine, un Capitaine-Lieutenant, un Lieutenant, un sous-Lieutenant, un Enseigne, quatre Sergens, un Porte-Enseigne, un Fourrier, un Capitaine d'Armes, & un Prevost; lesquels grands & bas Officiers seront payez par le Capitaine, à raison de Cent livres par mois au Capitaine-Lieutenant, de Soixante-quinze livres au Lieutenant, de Cinquante livres au Sous-Lieutenant, de Quarante-sept livres à l'Enseigne, de vingt-cinq livres à chacun de deux des quatre Sergens, de vingt livres à chacun des deux autres Sergens, de dix-huit livres au Porte-Enseigne, de vingt livres au Fourrier, de dix-huit livres au Capitaine d'Armes, & de quinze livres au Prevost.

LVI.

CHAQUE Compagnie Suisse devra aussi avoir six Caporaux, six Anspessades & cent trente-cinq Fusiliers, compris les Tambours & Fifres; Estant à observer que dans les Compagnies des Capitaines qui ne servent point au Corps, le Capitaine-Lieutenant devra recevoir Cent trente livres d'Appointemens par mois, Et les deux Lieutenans de chacune de ces Compagnies, auront chacun Soixante-quinze livres aussi par mois, outre les Appointemens du Sous-Lieutenant, de l'Enseigne, & des autres Officiers marquez cy-dessus.

LVII.

QUOIQUE chaque Compagnie Suisse puisse avoir jusques à cent soixante hommes, elle sera neantmoins reputée complette lorsqu'elle se trouvera de cent quarante-quatre hommes, tous les Officiers compris, Et estant audit nombre de cent quarante-quatre hommes effectifs & au-dessus, jusques à cent soixante, le Capitaine recevra outre ce qui luy ſera payé pour les effectifs, vingt-ſept payes de Soldat de Gratification, Et quand elle ſera de cent trente hommes & au-deſſus juſqu'à cent quarante-trois incluſivement, il luy ſera payé ſeize payes de Gratification outre les effectifs; mais s'il arrive que la Compagnie ſe trouve au-deſſous de cent trente hommes, elle ne ſera payée que pour les effectifs, ſans que le Capitaine puiſſe pretendre aucune paye de Gratification.

LVIII.

COMME Sa Majeſté a ci-devant fait joindre enſemble deux Compagnies Suiſſes de cent hommes, pour faire le ſervice d'une Compagnie entiere, ſon intention eſt que le complet de deux deſdites Compagnies, qui ſont à preſent reduites à quatre-vingt hommes chacune & jointes enſemble, ſoit auſſi à cent quarante-quatre hommes, ſans avoir égard ſi une des deux à plus d'hommes que l'autre, dans les cens quarante-quatre qui s'y trouveront; Sa Majeſté laiſſant aux Capitaines la liberté de s'accommoder entre eux à cet égard. Elle trouve bon auſſi que les Capitaines dont les Compagnies ſont ainſi couplées, y ſervent alternativement pendant un an, & que celuy des deux qui pourra s'abſenter ſoit payé comme preſent; Et parce qu'il y a pluſieurs Compagnies qui ſont jointes, dont les Capitaines ont d'autres Charges où ils preferent de ſervir, & ſont obligez d'avoir auſdites Compagnies des Capitaines pour les commander en leur abſence, Sa Majeſté veut bien auſſi permettre auſdits Capitaines Commandans de s'abſenter alternativement, Et a ordonné que pendant l'année de leur abſence, ils ne ſeront payez de leurs Appointemens qu'à raiſon de cinquante livres par mois, au lieu que dans l'année de leur ſervice, ils les recevront à l'ordinaire ſur le pied de Cent trente livres par mois.

LIX.

Eſtat Major

L'ESTAT-MAJOR de chacun deſdits Regimens Suiſſes, ſera

ſera payé à raiſon de Mille livres par mois dans le lieu où la Compagnie Colonelle dudit Regiment ſe trouvera.

des Regimens Suiſſes.

LX.

Demie Compagnie Suiſſe de Schwitzer.

La demie Compagnie Suiſſe de Schwitzer qui eſt de quatre-vingt hommes, doit avoir la moitié des Officiers qui ſont cy-deſſus marquez pour une Compagnie entiere, Et elle ſera payé pour les preſens & effectifs qui s'y trouveront juſqu'au nombre de quatre-vingt, quand il y aura ſoixante-douze hommes & au-deſſus juſques à quatre-vingt; Le Capitaine recevra outre le payement des effectifs treize payes & demie de Gratification, Et lorſqu'il aura ſoixante-cinq hommes juſqu'à ſoixante-onze incluſivement, il touchera huit payes de Gratification; Mais s'il arrive que ſa Compagnie ſoit au-deſſous de ſoixante-cinq, elle ne ſera payée que pour les effectifs, ſans aucune paye de Gratification.

LXI.

Quart de Compagnie de Reynold Suiſſe.

Le quart de Compagnie Suiſſe de Reynold, qui a eſté conſervé à cinquante hommes, les Officiers compris, doit avoir le quart des Officiers d'une Compagnie entiere, Et le Capitaine recevra ſept payes de Gratification, outre le payement des effectifs, quand ſa Compagnie ſe trouvera depuis quarante-deux juſqu'à cinquante, Et cinq payes de Gratification lorſqu'elle ſera de trente-huit juſques à quarante-un incluſivement, ſans que le Capitaine puiſſe pretendre aucune deſdites payes de Gratification, ſa Compagnie ſe trouvant au-deſſous dudit nombre de trente-huit, les Officiers compris.

LXII.

Retenüe pendant l'abſence des Officiers Suiſſes.

S'il arrive qu'un Officier d'une Compagnie Suiſſe s'en abſente ſans Congé, ou qu'il outrepaſſe celuy qui luy aura eſté donné, il ſera retenu ſur la Solde de la Compagnie huit places pour le Capitaine, ou le Capitaine-Lieutenant abſent ſans Congé, ſix places pour le

Lieutenant ou le second Lieutenant ; quatre pour le Sous-Lieutenant, & trois pour l'Enseigne, pour autant de jours que durera l'absence de l'Officier sans Congé.

LXIII.

Sa Majesté se reservant en Temps de Guerre de fixer le nombre des Soldats dont Elle jugera à propos d'augmenter les Compagnies Suisses, lesdites Troupes seront alors payées sur le pied reglé en Temps de Guerre.

LXIV.

Infanterie Allemande, Alsace, Sparre. La Marck. Lenck. Royal Baviere.

Les deux Bataillons du Regiment d'Infanterie Allemande d'Alsace, & les Regimens de Sparre, la Marck, Lenck, & Royal Baviere qui sont composez de huit Compagnies de soixante-quinze hommes chacune, seront payez à raison de treize livres par homme par mois, quand une Compagnie desdits Regimens sera depuis soixante-dix hommes jusqu'à soixante-quinze, les Officiers non compris; Le Capitaine recevra outre ce qui luy sera payé pour les effectifs, huit payes de Gratification de treize livres chacune par mois; six desdites payes lorsque la Compagnie sera depuis soixante-cinq jusques à soixante-dix; quatre desdites payes lorsqu'elle sera depuis soixante jusques à soixante-cinq; & deux desdites payes losqu'elle sera depuis cinquante-cinq jusques à soixante; Et s'il arrive que la Compagnie soit au-dessous dudit nombre de cinquante-cinq, elle ne sera payée que pour les effectifs, sans que le Capitaine puisse pretendre aucune paye de Gratification : Entendant Sa Majesté que dans le nombre cy-dessus de soixante-quinze hommes, soient compris un premier Sergent qui sera payé sur le pied de treize sols par jour, deux autres Sergens de douze sols chacun; un Fourrier de neuf sols, un Capitaine d'Armes aussi de ne[illegible] deux Fourriers-Schultz de huit sols chacun; quatre Caporaux & deux Tambours de sept sols chacun; huit Anspessades de six sols six deniers chacun, & cinquante-quatre Fusiliers de cinq sols six deniers chacun.

LXV.

A l'égard des Officiers desdites Compagnies, Sa Majesté a trouvé bon de leur accorder encore par mois, Sçavoir, à chaque Capitaine en pied, outre lesdites payes de Gratification, quatre-vingt dix livres; au Capitaine en second soixante livres; au premier Lieutenant de chaque Compagnie cinquante-une livres; au second Lieutenant quarante-cinq livres, & à un Lieutenant reformé & un Enseigne par Compagnie trente livres.

LXVI.

Estat Major desdits Regimens d'Infanterie Allemande.

Il sera payé pour l'Estat Major de chacun desdits Regimens Mille livres par mois au Colonel; Cent soixante livres au Lieutenant-Colonel, outre ses Appointemens de Capitaine; Trois cens livres au Major qui sera sans Compagnie & pour luy tenir lieu de la paye de Capitaine; Cent livres à l'Interprete; Quatre-vingt dix livres à l'Ayde-Major de chaque Bataillon; Quarante-cinq livres à l'Aumônier; Cinquante livres au Chirurgien; Cinquante livres à l'Auditeur; vingt livres au Greffier; quarante livres au Prevost; vingt livres au Tambour Major, & dix-huit livres à chacun des deux Archers & à l'Executeur; Et au Commandant du second Bataillon du Regiment d'Alsace Soixante livres; Et au S.r Marion Capitaine audit Regiment, qui y commandoit cy-devant le Quatriéme Bataillon, & aux S.rs de Frahan & de Lawer qui commandoient les Seconds Bataillons desdits Regimens de la Marck & de Lenck Soixante livres, qui est la paye de Commandant de Bataillon, que Sa Majesté a bien voulu leur continüer tant qu'ils demeureront Capitaines en pied, comme ils sont.

LXVII.

Officiers Reformez à la suite des Regimens d'In-

Les Colonels & Lieutenans-Colonels Reformez, entretenus à la suite desdits Regimens, seront payez à raison de Seize cens quarante-deux livres dix sols par an,

fanterie Allemande.

à la reserve de ceux ausquels Sa Majesté a fait expedier des ordres particuliers sur lesquels ils doivent estre payez.

LXVIII.

Autres Officiers Reformez à la suite desdits Regimens.

LES Capitaines Reformez desdits Regimens, non compris ceux dont il sera parlé cy-aprés, seront payez à raison de Sept cens vingt livres par an, Et chaque Lieutenant ou Enseigne Reformé sur le pied de Trois cens soixante livres; Entendant Sa Majesté, que ceux desdits Capitaines Reformez qui estoient en pied dans lesdits Regimens de Sparre, la Marck & Lenck, & qui ont esté Reformez par la reduction des Bataillons desdits Regimens, soient payez en conformité des ordres qui leur seront expediez, sur le pied de Quatorze cens quarante livres par an pendant trois années seulement, à compter du premier Janvier dernier, pour leur donner le moyen de payer les dettes qu'ils ont esté obligez de contracter pendant la Guerre derniere; aprés lequel temps expiré, ils n'auront plus que Sept cens vingt livres par an, de mesme que les autres Capitaines Reformez.

LXIX.

SA MAJESTÉ se reserve de regler le nombre d'hommes, dont Elle jugera à propos d'augmenter en Temps de Guerre les Compagnies desdits Regimens.

LXX.

Royal Italien, Compagnie ordinaire.

CHACUNE des Compagnies du Regiment Royal d'Infanterie Italienne, à la reserve de celle des Grenadiers, doit estre composée du Capitaine, d'un Lieutenant, d'un Enseigne, deux Sergens, trois Caporaux, cinq Anspessades, dix Appointez, compris les Portes-outils, vingt-neuf Fusiliers & un Tambour, Et estre payée à raison de quatre livres par jour au Capitaine, de trente-deux sols au Lieutenant, de vingt-quatre sols à l'Enseigne, de quatorze sols à chacun des deux Sergens, de neuf sols dix deniers à chacun des trois Caporaux, de huit sols cinq deniers à chacun

chacun des cinq Anſpeſſades, de huit ſols cinq deniers au Tambour, de ſept ſols ſix deniers à chacun des dix Appointez, & de ſept ſols à chacun des vingt-neuf Fuſiliers, SA MAJESTÉ entendant que, quand la Compagnie ſera de quarante-huit hommes effectifs, ſans les Officiers, le Capitaine reçoive cinq payes de Gratification de ſept ſols chacune par jour, quatre lorſqu'elle ſera à quarante-quatre, & trois lorſqu'elle ne ſe trouvera que de quarante, ſans que ledit Capitaine puiſſe pretendre aucune paye de Gratification, ſa Compagnie eſtant au-deſſous dudit nombre de quarante, les Officiers non compris.

LXXI.

Compagnie de Grenadiers du Regiment Royal Italien.

LA Compagnie des Grenadiers du Regiment Royal Italien, doit eſtre compoſée du Capitaine, d'un Lieutenant, d'un Sous-Lieutenant, deux Sergens, trois Caporaux, cinq Anſpeſſades, trente-neuf Grenadiers & un Tambour, Et eſtre payée à raiſon de quatre livre ſeize ſols par jour au Capitaine, de cinquante-un ſols deux deniers au Lieutenant, de trente-deux ſols au Sous-Lieutenant, de quinze ſols à chacun des deux Sergens, de dix ſols dix deniers à chacun de trois Caporaux, de neuf ſols cinq deniers à chacun des cinq Anſpeſſades, de huit ſols à chacun des trente-neuf Grenadiers, & de neuf ſols cinq deniers au Tambour: Le Capitaine touchera de plus cinq payes de Gratification de huit ſols chacune par jour, quand ſa Compagnie ſera de cinquante hommes effectifs, ſans les Officiers, quatre deſdites payes lorſqu'elle ſera de quarante-cinq, & trois quand elle ne ſera que de quarante.

LXXII.

Eſtat Major du Regiment Royal Italien.

L'ESTAT Major dudit Regiment ſera payé à raiſon de treize livres ſix ſols huit deniers par jour au Colonel, de trois livres quatre ſols au Lieutenant-Colonel, de quatre livres au Major, de quatre livres à l'Interprete, de quarante-huit ſols à l'Ayde-Major, de vingt-quatre ſols au

Mareſchal des Logis, de trente-deux ſols à l'Aumoſnier, de quinze ſols au Chirurgien, de trente-deux ſols au Prevoſt, de ſeize ſols à ſon Lieutenant, de dix ſols au Greffier, de ſix ſols huit deniers à chacun des cinq Archers & à l'Executeur, & de huit ſols au Tambour Major.

LXXIII.

Officiers Reformez à la ſuite du Regiment Royal Italien.

LES Officiers Reformez ſervant à la ſuite dudit Regiment y ſeront payez, ſçavoir, les Colonels à raiſon de Douze cens livres par an, les Lieutenans-Colonels de Mille livres, les Capitaines de Sept cens vingt livres, & les Lieutenans de Quatre cens trente-deux livres, à la reſerve de ceux qui eſtoient Enſeignes ou Sous-Lieutenans dans les Regimens de Mouroux & de Saint Second, leſquels ne ſeront payez que ſur le pied de Trois cens livres.

LXXIV.

Infanterie Irlandoiſe. Lée. Obrien. Dyllon.

Compagnie ordinaire.

CHAQUE Compagnie des Regimens d'Infanterie Irlandoiſe de Lée, Obrien & Dyllon, à la reſerve de celle des Grenadiers, doit eſtre compoſée du Capitaine, d'un Capitaine Reformé, d'un Lieutenant, d'un Lieutenant Reformé, d'un Enſeigne dans chacune des Compagnies Colonelles & des Lieutenans-Colonels ſeulement, deux Sergens, trois Caporaux, trois Anſpeſſades, vingt-un Fuſiliers & un Tambour, Et eſtre payée à raiſon de cinq livres par jour au Capitaine, de trois livres ſix ſols huit deniers au Capitaine Reformé, de quarante-cinq ſols au Lieutenant, de trente ſols au Lieutenant Reformé, de trente-ſix ſols à l'Enſeigne de chacune des Compagnies Colonelles & des Lieutenans-Colonels, de treize ſols à chacun des deux Sergens, de huit ſols ſix deniers à chacun des trois Caporaux, de ſept ſols ſix deniers à chacun des trois Anſpeſſades, & de ſix ſols ſix deniers à chacun des vingt-un Fuſiliers & au Tambour: Le Capitaine recevra de plus trois payes de Gratification de ſix ſols ſix deniers chacune par jour, lorſque ſa Compagnie ſe trouvera compoſée de trente hommes, les Officiers non compris, deux quand elle fera de vingt-huit, & une feulement lorfqu'elle ne fera que de vingt-cinq, fans les Officiers.

LXXV.

Compagnie de Grenadiers defdits Regimens de Lée, Obrien & Dyllon.

La Compagnie de Grenadiers qui eft en chacun defdits Regimens de Lée, Obrien & Dyllon doit eftre payée à raifon de fix livres par jour au Capitaine, de trois livres fix fols huit deniers au Capitaine Reformé, de trois livres dix fols au Lieutenant, de trente fols au Lieutenant Reformé, de quatorze fols à chacun des deux Sergens, de neuf fols fix deniers à chacun des trois Caporaux, de huit fols fix deniers à chacun des trois Anfpeffades, & de fept fols fix deniers à chacun des vingt-deux Grenadiers, le Tambour compris; Et le Capitaine recevra par jour trois payes de Gratification de fept fols fix deniers chacune, quand il aura trente hommes effectifs à fa Compagnie, fans les Officiers, deux lorfqu'il en aura vingt-huit, & une quand elle ne fera qu'à vingt-cinq, fans que les Capitaines defdits Regimens en puiffent pretendre aucune, leurs Compagnies eftant au-deffous dudit nombre de vingt-cinq.

LXXVI.

Eftat Major des Regimens de Lée, Obrien & Dyllon.

L'Estat Major de chacun defdits Regimens de Lée, Obrien & Dyllon, fera payé à raifon de treize livres fix fols huit deniers par jour au Colonel outre fes Appointemens de Capitaine, de quarante-cinq fols au Lieutenant-Colonel auffi outre fa paye de Capitaine, de fix livres treize fols quatre deniers au Major pour fes appointemens en ladite qualité & pour luy tenir lieu de la paye de Capitaine, de cinq livres à l'Interprete, de trois livres à l'Ayde-Major, y compris la paye de Lieutenant, de quarante fols à l'Aumofnier, de trente fols au Chirurgien-Major, & de trente fols au Marefchal des Logis.

LXXVII.

Officiers Reformez des Regimens de

Les Officiers Reformez defdits Regimens de Lée, Obrien & Dyllon qui fervent dans les Brigades qui en ont

Lée, Obrien & Dyllon.

esté formées seront payez, Sçavoir, les Officiers qui estoient desdits Regimens de Lée, Obrien & Dyllon à raison de cent sols par jour au Colonel Reformé, de cent sols aussi par jour au Lieutenant-Colonel Reformé, de trois livres six sols huit deniers à chaque Capitaine Reformé, & de trente sols à chaque Lieutenant Reformé ; Et les Officiers qui sont sortis des Regimens d'Odonel & de Galmoy, à raison de trois livres quinze sols par jour à chaque Colonel & Lieutenant-Colonel Reformé, de quarante-cinq sols dix deniers à chaque Capitaine Reformé, & de vingt-un sols huit deniers à chaque Lieutenant Reformé.

Officiers Reformez sortis des Regimens d'Odonel & de Galmoy.

LXXVIII.

Pension des Colonels des Regimens de Lée, Obrien & Dyllon.

SA MAJESTÉ a bien voulu accorder Quatre mille sept cens livres de pension chaque année aux S.rs Lée, Obrien & Dyllon Colonels desdits Regimens, au lieu de Deux mille livres dont ils joüissoient cy-devant ; au moyen de laquelle augmentation, Sa Majesté leur fait deffense de retenir à l'avenir les quatre deniers par jour sur la Masse des Sergens, Caporaux, Anspessades & Soldats, ainsi qu'il se pratiquoit par le passé, Voulant que la paye cy-dessus fixée ausdits Sergens, Caporaux, Anspessades & Soldats leur soit payée en entier, à la déduction seulement d'un sol qui sera mis pour la Masse.

LXXIX.

d'Oringthon. Berwick.

Compagnie ordinaire.

CHAQUE Compagnie des Regimens d'Infanterie Irlandoise, de d'Oringthon & de Berwick doit estre composée, à la reserve des Compagnies de Grenadiers, du Capitaine, d'un Capitaine Reformé, d'un Lieutenant, d'un Lieutenant Reformé, d'un Enseigne dans les Compagnies Colonelles & des Lieutenans-Colonels seulement, deux Sergens, trois Caporaux, trois Anspessades, vingt-un Fusiliers & un Tambour ; Et doit estre payée à raison de trois livres quinze sols par jour au Capitaine, de quarante-cinq sols dix deniers au Capitaine Reformé, de trente-deux sols six deniers au Lieutenant, de vingt-un sols huit deniers

deniers

deniers au Lieutenant Reformé, de vingt-cinq ſols ſix deniers à l'Enſeigne de chacune des Compagnies Colonelles & des Lieutenans-Colonels, de treize ſols à chacun des deux Sergens, de huit ſols ſix deniers à chacun des trois Caporaux, de ſept ſols ſix deniers à chacun des trois Anſpeſſades, & de ſix ſols ſix deniers à chacun des vingt-un Fuſiliers & au Tambour : Le Capitaine recevra de plus trois payes de Gratification de ſix ſols ſix deniers chacune par jour, lorſque ſa Compagnie ſera compoſée de trente hommes, deux quand elle ſera de vingt-huit, & une ſeulement lorſqu'elle ſera de vingt-cinq, ſans les Officiers.

LXXX.

Compagnie de Grenadiers des Regimens d'Oringthon & de Berwick.

LA Compagnie de Grenadiers qui eſt en chacun deſdits Regimens de d'Oringthon & de Berwick, doit eſtre payée à raiſon de quatre livres quinze ſols par jour au Capitaine, de quarante-cinq ſols dix deniers au Capitaine Reformé, de cinquante-un ſols au Lieutenant, de vingt-un ſols huit deniers au Lieutenant Reformé, de quatorze ſols à chacun des deux Sergens, de neuf ſols ſix deniers à chacun des trois Caporaux, de huit ſols ſix deniers à chacun des trois Anſpeſſades, & de ſept ſols ſix deniers à chacun des vingt-deux Grenadiers, compris le Tambour; Et le Capitaine recevra par jour trois payes de Gratification de ſept ſols ſix deniers chacune, quand il aura trente hommes effectifs à ſa Compagnie, ſans les Officiers, deux lorſqu'il en aura vingt-huit, & une lorſqu'elle ne ſera que de vingt-cinq, ſans que les Capitaines deſdits Regimens en puiſſent pretendre aucune, leurs Compagnies eſtant au-deſſous dudit nombre de vingt-cinq.

LXXXI.

Eſtat Major des Regimens de d'Oringthon & de Berwick.

L'ESTAT Major deſdits Regimens de d'Oringthon, & de Berwick ſera payé à raiſon de ſept livres dix ſols par jour au Colonel, de trente-deux ſols ſix deniers au Lieutenant-Colonel, de quatre livres onze ſols huit deniers au Major, de quarante-ſix ſols huit deniers à l'Ayde-Major, de vingt-cinq sols au Mareschal des Logis, de vingt-cinq sols à l'Aumosnier, de vingt sols au Chirurgien, de vingt-six sols huit deniers au Prevost, de treize sols quatre deniers à son Lieutenant, de huit sols quatre deniers au Greffier, & de cinq sols à chacun des cinq Archers & à l'Executeur.

LXXXII.

Pour tenir lieu d'Estape aux Recrües des Regimens de Lée, Obrien, Dyllon, d'Oringthon & Berwick.

Les Capitaines en pied desdits Regimens de Lée, Obrien, Dyllon, d'Oringthon & Berwick, à l'exception des Capitaines de Grenadiers, recevront chaque année dans le temps du Semestre la somme de Cent livres chacun, pour tenir lieu d'Estape à leurs Recrües; Voulant Sa Majesté que lors qu'une Compagnie ne se trouvera pas complette à la Reveüe qui se fera au retour dudit Semestre, ladite somme de Cent livres soit retenüe sur les Appointemens du Capitaine, ainsi qu'il est cy-dessus reglé pour l'Infanterie Françoise.

LXXXIII.

Brigades de d'Oringthon & de Berwick.

Les Brigades qui sont composées des Officiers Reformez desdits Regimens de d'Oringthon & de Berwick, seront payées à raison de trois livres quinze sols par jour au Colonel Reformé, trois livres quinze sols aussi par jour au Lieutenant-Colonel Reformé, de quarante-cinq sols dix deniers au Capitaine Reformé, & de vingt-un sols huit deniers au Lieutenant Reformé.

LXXXIV.

Brigade de Bourck.

Les Officiers Reformez du Regiment d'Infanterie Irlandoise de Bourck, qui servent à la Brigade qui reste dudit Regiment qui a passé en Espagne, seront payez à raison de quarante-cinq sols dix deniers par jour au Capitaine Reformé, & de vingt-un sols huit deniers au Lieutenant Reformé.

LXXXV.

Officiers Reformez Irlandois retirez en Languedoc.

Les Officiers Reformez Irlandois qui sont en Languedoc, continüeront d'y estre payez de leurs Appointemens ordinaires.

LXXXVI.

SA MAJESTÉ se reserve de fixer le nombre d'hommes, dont Elle jugera à propos d'augmenter en temps de Guerre les Compagnies desdits Regimens de Lée, Obrien, Dyllon, d'Oringthon & de Berwick.

LXXXVII.

Supplement d'Appointemens & Solde aux Capitaines d'Infanterie Estrangere.

ET pour procurer aux Capitaines d'Infanterie Estrangere tous les avantages qui peuvent contribuer aux restablissement de leurs Compagnies; VEUT Sa Majesté qu'en Temps de Paix, ou en Temps de Guerre, celles qui se trouveront plus fortes à la Reveüe du mois de Janvier, qu'aux Reveües des mois de Novembre & Decembre precedens, soient payées par forme de supplement sur ladite Reveüe de Janvier, de ce qu'ils auroient dû recevoir, tant pour le payement des effectifs que pour leurs Appointemens, si leurs Compagnies s'estoient trouvées aux Reveües desdits deux mois de Novembre & Decembre au mesme nombre qu'elles se trouveront en Janvier, Et que pareil decompte leur soit fait sur la Reveüe d'Avril pour les mois de Fevrier & Mars precedens.

LXXXVIII.

Reveües des Regimens d'Infanterie Estrangere.

QUANT aux Reveües de Campagne, en Temps de Guerre, il n'en sera fait que trois par les Commissaires des Guerres, ainsi que dans l'Infanterie Françoise; La premiere conjointement avec les Inspecteurs Generaux au mois de May; La seconde au mois de Juillet, Et la troisiéme au mois de Septembre, Et le payement des Compagnies sera fait sur le pied des effectifs qui se trouveront à chacune desdites Reveües; Voulant Sa Majesté qu'elles soient payées pour les mois de May & Juin sur celle du mois de May; pour les mois de Juillet & Aoust sur celle de Juillet; & pour les mois de Septembre & Octobre sur celle de Septembre.

LXXXIX.

CAVALERIE.

En Temps de Paix.

Traitement de la Cavalerie & des Dragons.

Carabiniers.

CHAQUE Compagnie du Regiment Royal des Carabiniers, continüera d'estre payée en Temps de Paix à raison de six livres par jour au Capitaine, de trois livres au Lieutenant, de trente sols au Mareschal des Logis, de neuf sols à chacun des deux Brigadiers, & de huit sols à chacun de vingt-trois Carabiniers, y compris le Trompette, ainsi que le Timballier des Compagnies où il doit y en avoir un, outre le Fourrage qui sera fourni à raison d'une Ration pour chaque Brigadier, Carabinier, Trompette & Timballier, sans aucune retenüe pour la Remonte.

XC.

Masse des Carabiniers.

IL sera de plus payé par Sa Majesté un sol par jour pour chaque Brigadier, Carabinier, Trompette ou Timballier, à raison de vingt-cinq hommes par Compagnie, à titre de Masse, montant à trente-sept livres dix sols par mois, faisant Quatre cens cinquante livres par an, laquelle sera remise par le Tresorier à l'Officier chargé du detail de chaque Brigade, suivant les ordres de l'Inspecteur.

XCI.

Remonte des Carabiniers.

IL sera aussi payé tous les ans dans le temps du Semestre la somme de Mille livres à chaque Capitaine de Carabiniers, pour luy tenir lieu de Remonte.

XCII.

Ayde-Major de Carabiniers.

L'AYDE-MAJOR qui est en chacune des cinq Brigades dudit Regiment, recevra trois livres par jour.

XCIII.

A l'égard des augmentations qui pourroient estre faites par la suite dans ledit Regiment, Sa Majesté y pourvoira

voira en Temps de Guerre, ainſi qu'Elle eſtimera convenable au bien de ſon ſervice.

XCIV.

Pensions des Officiers de Carabiniers.

LES Officiers des Carabiniers continüeront d'eſtre payez des Penſions qu'il a plû à Sa Majeſté d'attacher à leurs Charges.

XCV.

Cavalerie Françoiſe en Temps de Paix.

DANS les autres Regimens de Cavalerie Françoiſe, chaque Compagnie ſera compoſée en Temps de Paix, d'un Capitaine en pied, d'un Capitaine en ſecond, d'un premier Lieutenant, d'un Lieutenant en ſecond, d'un Mareſchal des Logis, de deux Brigadiers, & de vingt-trois Cavaliers y compris le Trompette, ainſi que le Timballier dans les Compagnies qui doivent en avoir; Et ſera payée à raiſon de ſix livres par jour au Capitaine en pied, de trois livres au Capitaine en ſecond, de cinquante ſols au premier Lieutenant, de trente-trois ſols quatre deniers au Lieutenant en ſecond, de vingt-huit ſols au Mareſchal des Logis, de huit ſols à chacun des deux Brigadiers, & de ſept ſols à chaque Cavalier, Trompette & Timballier, ſans aucune retenüe pour la remonte, outre une Ration de Fourrage qui ſera fournie par jour à chaque Brigadier, Cavalier, Trompette & Timballier.

XCVI.

Gardes du Corps Reformez entretenus dans les Regimens de Cavalerie.

LES Gardes du Corps reformez, que Sa Majeſté a bien voulu entretenir dans le nombre deſdits Cavaliers, auront dix ſols par jour, au lieu de ſept ſols que doivent recevoir les autres Cavaliers.

XCVII.

Sous-Lieutenans & Cornettes dans la Colonelle du Regiment Colonel General.

IL ſera payé dans la Compagnie Colonelle du Regiment Colonel General de la Cavalerie deux Sous-Lieutenans, à raiſon de cinquante ſols chacun par jour : Il ſera auſſi payé deux Cornettes dans ladite Compagnie Colonelle Generale, à raiſon de trente-ſept ſols ſix deniers chacun par jour; au moyen de quoy il n'y ſera point entretenu de Capitaine, ni de Lieutenant en ſecond.

XCVIII.

Lieutenans & Cornettes dans la Compagnie du Meſtre de Camp & Commiſſaire General.

DANS chacune des Compagnies du Meſtre de Camp General & du Commiſſaire General de la Cavalerie, il y aura deux Lieutenans payez à raiſon de cinquante ſols chacun par jour, & deux Cornettes à raiſon de trente-ſept ſols ſix deniers chacun; au moyen de quoy il n'y aura point de Capitaines ni de Lieutenans en ſecond à la ſuite deſdites deux Compagnies.

XCIX.

Maſſe de la Cavalerie.

OUTRE la Solde cy-deſſus, qui ſera payée ſans aucun retranchement auſdits Brigadiers, Gardes du Corps Reformez, Cavaliers, Trompettes & Timballiers, ils auront encore un ſol par jour chacun, ſur le pied de vingt-cinq hommes par Compagnie, dont le fonds reſtera entre les mains du Treſorier, pour compoſer dans chaque Compagnie une Maſſe deſtinée à ſon habillement, montant à trente-ſept livres dix ſols par mois, & Quatre cens cinquante livres par an, de laquelle Maſſe le Treſorier donnera ſa reconnoiſſance à l'Officier chargé du detail du Regiment, pour eſtre payée ſur les ordres de main-levée de l'Inſpecteur dans le departement duquel ſe trouvera le Regiment, viſez du Colonel General de la Cavalerie.

C.

Ayde-Majors de Cavalerie.

L'AYDE-MAJOR entretenu dans chaque Regiment de Cavalerie, ſera payé à raiſon de trois livres ſix ſols huit deniers par jour.

CI.

Penſion de Lieutenant-Colonel.

CHAQUE Lieutenant-Colonel en pied de Cavalerie Françoiſe aura Six cens livres de Penſion par an, outre les Appointemens qu'il reçoit en qualité de Capitaine.

CII.

Penſion du Meſtre de

LE Meſtre de Camp General de la Cavalerie continüera de joüir de la Pension de Quatre mille cinq cens livres, qu'il reçoit en ladite qualité.

Camp General.

CIII.

Remonte de Cavalerie Françoise.

CHAQUE Capitaine en pied de Cavalerie Françoise, outre les Appointemens cy-dessus reglez, recevra encore Six cens cinquante livres par an dans le temps des Semestres, pour la remonte de sa Compagnie.

CIV.

Officiers Reformez de Cavalerie.

QUANT aux Officiers Reformez qui sont à la suite des Regimens de Cavalerie Françoise, & qui ne se trouveront pas remplacez dans lesdits Regimens en qualité de Capitaines en second, ou de Lieutenans en second, ils continüeront d'estre payez de leurs Appointemens, suivant les Estats qui en seront expediez & envoyez dans les Departemens où ils ont permission de resider.

CV.

Cavalerie Irlandoise de Nugent.

LE Regiment de Cavalerie Irlandoise de Nugent sera entretenu & payé sur le pied des Regimens de Cavalerie Françoise, à l'exception des Capitaines en second qui auront quatre livres par jour, des Lieutenans en second qui recevront trente-huit sols onze deniers par jour, & de l'Aumosnier qui y a esté conservé, lequel aura trente sols aussi par jour.

CVI.

Officiers Reformez à la suite de Nugent.

A l'égard des Officiers Reformez à la suite dudit Regiment, ceux qui n'y auront pas esté remplacez comme Capitaines & Lieutenans en second, continüeront d'estre payez à raison de six livres deux sols trois deniers par jour à chaque Mestre de Camp Reformé, de cinq livres seize sols huit deniers à chaque Lieutenant-Colonel Reformé, de quatre livres à chaque Capitaine, & de trente-huit sols onze deniers à chaque Lieutenant aussi Reformé.

CVII.

Regiment Royal-Allemand.

CHAQUE Compagnie du Regiment Royal-Allemand Cavalerie, doit estre payée à raison de six livres par jour au Capitaine en pied, de trois livres au Capitaine en second, de trois livres au premier Lieutenant, de trente-trois sols quatre deniers au Lieutenant en second, de trente sols au Mareschal des Logis, de neuf sols à chacun des trois Brigadiers, & de sept sols à chaque Cavalier, Cadet, Trompette & Timballier; jusques au nombre de vingt-deux, il sera encore payé un sol par jour à chaque Cadet qui passera en Reveüe entre les Cavaliers, suivant le Certificat du Commandant du Regiment. Il sera de plus fourni une Ration de Fourrage par jour à chacun desdits Brigadiers, Cavaliers, Cadets, Trompettes & Timballiers.

CVIII.

Estat Major du Regiment Royal-Allemand.

L'ESTAT Major dudit Regiment Royal-Allemand, sera payé à raison de six livres treize sols quatre deniers par jour au Mestre de Camp, de cinq livres à chacun des deux Lieutenans-Colonels, de huit livres six sols huit deniers au Major, tant pour ses Appointemens de Major, que pour luy tenir lieu d'Appointemens de Capitaine, de cinquante-trois sols quatre deniers à chacun des deux Aydes-Majors, de vingt-six sols huit deniers au Mareschal des Logis, de trente-trois sols quatre deniers au Prevost, de vingt-six sols huit deniers à son Lieutenant, de vingt sols au Greffier, de vingt-six sols huit deniers au Chirurgien, & de quinze sols à chacun des quatre Archers & à l'Executeur.

CIX.

Compagnie Mestre de Camp du Regiment de Courcillon.

LA Compagnie Mestre de Camp du Regiment de Cavalerie Estrangere de Courcillon, sera payée à raison de six livres par jour au Capitaine en pied, de trois livres au Capitaine en second, de quatre livres au premier Lieutenant, de trente-trois sols quatre deniers au second Lieutenant, de trois livres à chacun des deux Sous-Lieutenans, de trente sols au Mareschal des Logis, de neuf sols à chacun des trois Brigadiers, de huit sols huit deniers

deniers à chacun des trois Sous-brigadiers, & de ſept ſols à chacun des dix-neuf Cavaliers compris un Trompette, outre le Fourrage qui ſera fourni auſdits Brigadiers, Sous-brigadiers, Cavaliers & Trompette.

CX.

Compagnies ordinaires du Regiment de Courcillon.

LES autres Compagnies dudit Regiment de Cavalerie de Courcillon, ſeront payées à raiſon de ſix livres par jour au Capitaine en pied, de trois livres au Capitaine en ſecond, de trois livres au premier Lieutenant, de trente-trois ſols quatre deniers au ſecond Lieutenant, de trente ſols au Mareſchal des Logis, de neuf ſols à chacun des trois Brigadiers, & de ſept ſols à chacun des vingt-deux Cavaliers y compris un Trompette; Leſquels Brigadiers, Cavaliers & Trompettes auront de plus par jour une Ration de Fourrage chacun.

CXI.

Eſtat Major du Regiment de Courcillon.

L'ESTAT Major dudit Regiment de Courcillon, ſera payé à raiſon de dix livres par jour au Meſtre de Camp, de cinq livres au Lieutenant-Colonel, de trois livres ſix ſols huit deniers à l'Ayde-Major, de cinquante ſols au Mareſchal des Logis, de trente ſols au Greffier, de vingt ſols à l'Aumoſnier, de trente-trois ſols quatre deniers au Chirurgien, de quatre livres ſix ſols quatre deniers au Prevoſt, tant pour luy que pour ſes Archers & l'Executeur, de vingt ſols au Timballier, de douze ſols au Mareſchal ferrant.

CXII.

Regiment de Rottembourg.

CHAQUE Compagnie du Regiment de Cavalerie Eſtrangere de Rottembourg, ſera payée à raiſon de ſix livres par jour au Capitaine en pied, de trois livres au Capitaine en ſecond, de trois livres au premier Lieutenant, de trente-trois ſols quatre deniers au ſecond Lieutenant, de vingt-huit ſols au Mareſchal des Logis, de huit ſols à chacun des deux Brigadiers, & de ſept ſols à chacun des vingt-trois Cavaliers, compris le Trompette & le

Timballier, outre le Fourrage qui sera fourni aux Brigadiers, Cavaliers, Trompette & Timballier.

CXIII.

Estat Major du Regiment de Rottembourg.

l'Estat Major dudit Regiment de Rottembourg, sera payé à raison de trois livres six sols huit deniers par jour au Mestre de Camp, de quarante sols au Lieutenant-Colonel, de trois livres à l'Ayde-Major, de treize sols quatre deniers au Chirurgien, de treize sols quatre deniers à l'Auditeur, & de sept sols six deniers au Greffier, à chacun des trois Archers & à l'Executeur.

CXIV.

Hussarts de Rattky.

CHAQUE Compagnie du Regiment de Hussarts de Rattky, doit estré payée à raison de six livres par jour au Capitaine en pied, de trois livres au Capitaine en second, de trois livres au premier Lieutenant, de trente-trois sols quatre deniers au second Lieutenant, de vingt huit sols au Mareschal des Logis, de neuf sols à chacun des deux Brigadiers, de sept sols à chacun des vingt-trois Hussarts, le Trompette & le Timballier compris, outre le Fourrage qui sera fourni aux Brigadiers, Hussarts, Trompette & Timballier.

CXV.

Estat Major du Regiment de Rattky.

L'ESTAT Major dudit Regiment de Hussarts de Rattky, sera payé à raison de trois livres six sols huit deniers par jour au Mestre de Camp, de quarante sols au Lieutenant-Colonel, de trois livres à l'Ayde-Major, & de treize sols quatre deniers au Chirurgien.

CXVI.

Officier Reformez aux Regimens Royal-Allemand Courcillon, Rottembourg & Rattky.

QUANT aux Officiers Reformez qui sont à la suite desdits Regimens Royal-Allemand Courcillon & Rottembourg de Cavalerie Estrangere & de celuy de Hussarts de Rattky, & qui n'auront pas esté remplacez dans lesdits Regimens comme Capitaines & Lieutenans en second, ils continüeront d'y estre payez à raison de Dix-huit cens livres par an à chaque Mestre de Camp &

Lieutenant-Colonel Reformé, (à la reserve de ceux ausquels il a esté expedié des ordres particuliers, suivant lesquels ils doivent estre payez) de Mille quatre-vingt livres à chaque Capitaine Reformé, & de Cinq cens une livre à chaque Lieutenant Reformé.

CXVII.

Masse des Regimens Royal-Allemand Courcillon, Rottembourg & Rattky.

OUTRE la Solde cy-dessus qui sera payée sans aucun retranchement aux Brigadiers, Cavaliers, Cadets, Hussarts, Trompettes & Timballiers desdits Regimens Royal-Allemand Courcillon, Rottembourg & Hussarts de Rattky, ils auront encore chacun un sol par jour dont le fonds restera entre les mains du Tresorier ainsi que dans la Cavalerie Françoise, pour y composer une Masse montant à trente-sept livres dix sols par mois, faisant Quatre cens cinquante livres par an, destinée à l'habillement, & estre distribuée & payée suivant les ordres de l'Inspecteur.

CXVIII.

Remonte desdits Regimens.

CHAQUE Capitaine desdits Regimens, recevra ainsi que ceux de la Cavalerie Françoise, Six cens cinquante livres par an en Temps de Paix pour la remonte de sa Compagnie.

CXIX.

Pens.s d'Officiers du Reg. Royal-Allemand.

LES Officiers du Regiment Royal-Allemand continüeront de joüir des Pensions attachées à leurs Charges.

CXX.

Cavalerie en Temps de Guerre.

LES Compagnies de Cavalerie Françoise & Estrangere, resteront composées du mesme nombre d'Officiers qu'en Temps de Paix, Et seront augmentées seulement de vingt-cinq Cavaliers, qui seront payez ainsi que les autres à sept sols chacun par jour, non compris le sol de Masse qui sera en outre payé pour chacun desdits Cavaliers sur le pied complet, montant à trente-sept livres dix sols par mois, faisant Quatre cens cinquante livres par an, & qui restera ainsi que le surplus de ladite Masse montant à pareille somme, entre les mains du Tresorier.

CXXI.

Pour tenir lieu de Remonte, Fourrages, Quartier d'Hyver & Uſtancile.

POUR dedommager en Temps de Guerre les Officiers de la Cavalerie Françoiſe & Eſtrangere, de la Suppreſſion des Fourrages, Quartier d'Hyver & Uſtancile qu'ils avoient couſtume de recevoir pendant la Guerre, Et les mettre en eſtat de ſouſtenir les dépenſes auſquelles ils ſont expoſez, Sa Majeſté a ordonné que pendant la Guerre chaque Capitaine de Cavalerie, au lieu des Six cens cinquante livres qu'il doit toucher pour Remonte de ſa Compagnie en Temps de Paix, aura Six mille quatre cens livres par an, pour luy tenir lieu deſdits Remontes, Fourrages, Quartier d'Hyver & Uſtancile; Que le Capitaine en ſecond aura Huit cens livres; le premier Lieutenant Six cens livres; le ſecond Lieutenant Cinq cens livres, & le Mareſchal des Logis Quatre cens livres.

CXXII.

Eſtats Majors de Cavalerie en Temps de Guerre.

A l'égard de l'Eſtat Major, le Meſtre de Camp outre ſes Appointemens en qualité de Capitaine, & les Six mille quatre cens livres qu'il touchera pour Remonte, Fourrage & Uſtancile en la meſme qualité de Capitaine, recevra encore Deux mille livres; Le Lieutenant-Colonel outre ce qu'il doit avoir comme Capitaine, recevra encore Quinze cens livres; l'Ayde-Major Huit cens livres, l'Aumoſnier Six cens livres, & le Chirurgien pareille ſomme de Six cens livres.

CXXIII.

Dragons en Temps de Paix.

LES Compagnies de Dragons en Temps de Paix, seront compoſées d'un Capitaine en pied, d'un Capitaine en ſecond, d'un premier Lieutenant, d'un Lieutenant en ſecond, d'un Mareſchal des Logis, de deux Brigadiers & vingt-trois Dragons, compris un Tambour; Et ſeront payées à raiſon de cinq livres dix ſols par jour au Capitaine en pied, de deux livres quinze ſols au Capitaine en ſecond, de deux livres cinq ſols au premier Lieutenant, de trente ſols au Lieutenant en ſecond, de vingt-

cinq

cinq ſols au Mareſchal des Logis, de ſept ſols ſix deniers à chacun des deux Brigadiers, & de ſix ſols ſix deniers à chacun des vingt-trois Dragons & au Tambour, ſans aucune retenüe. Il ſera de plus fourni à chacun deſdits Brigadiers, Dragons & Tambour une Ration de Fourrage par jour.

CXXIV.

Dragons cy-devant Gardes du Corps.

CEUX deſdits Dragons qui auront cy-devant eſté Gardes du Corps de Sa Majeſté, continüeront de toucher dix ſols par jour, au lieu de ſix ſols ſix deniers que doivent recevoir les autres Dragons.

CXXV.

Maſſe des Dragons.

IL ſera de plus payé pour chacun deſdits vingt-cinq Brigadiers, Dragons & Tambours, ſur le pied complet, un ſol par jour pour compoſer une Maſſe deſtinée à leur habillement, dont le fonds reſtera entre les mains du Treſorier, pour eſtre diſtribué ſuivant les ordres de l'Inſpecteur, viſez du Colonel General des Dragons.

CXXVI.

Capitaines Lieutenans & Sous-Lieutenans de la Compagnie Generale.

DANS la Compagnie Generale des Dragons, il y aura deux Capitaines-Lieutenans qui ſeront payez à raiſon de quarante-cinq ſols chacun par jour, deux Sous-Lieutenans à raiſon de trente-trois ſols quatre deniers chacun par jour, & un Cornette à raiſon d'une livre dix ſols.

CXXVII.

Capitaine Lieutenant & les deux Cornettes de la Compagnie Meſtre de Camp General.

OUTRE le Lieutenant qui eſt entretenu dans la Compagnie Meſtre de Camp General, à raiſon de quarante-cinq ſols par jour, & du Cornette qui eſt payé à trente ſols par jour, il y aura encore un Capitaine-Lieutenant qui ſera auſſi payé ſur le pied de quarante-cinq ſols par jour, & un ſecond Cornette à raiſon de trente ſols; au moyen de quoy il n'y aura point de Capitaine ni de Lieutenant en ſecond dans ladite Compagnie.

CXXVIII.

Remonte des Dragons.

CHAQUE Capitaine de Dragons outre les Appointemens cy-deſſus reglez, recevra par an la ſomme de Six cens livres, au temps du Semestre, pour luy tenir lieu de Remonte.

CXXIX.

Estat Major d'un Regiment de Dragons.

L'ESTAT Major d'un Regiment de Dragons sera payé à raison de dix livres par jour au Mestre de Camp, de cinq livres dix sols au Major, & de trois livres un sol huit deniers à l'Ayde-Major.

CXXX.

Officiers Reformez de Dragons.

LES Officiers Reformez de Dragons qui n'auront esté incorporez dans aucun Regiment en qualité de Capitaines en second, ou de Lieutenans en second, continüeront de recevoir leurs Appointemens suivant les Estats qui en seront expediez & envoyez dans les Departemens où ils sont.

CXXXI.

Dragons en Temps de Guerre.

CHAQUE Compagnie de Dragons sera composée du mesme nombre d'Officiers, Mareschaux des Logis & Brigadiers qu'en Temps de Paix, Et sera seulement augmentée de vingt-cinq Dragons, lesquels seront payez ainsi que les autres à six sols six deniers chacun par jour non compris le sol de Masse qui sera en outre payé pour chacun desdits Dragons sur le pied complet, montant à trente-sept livres dix sols par mois, faisant Quatre cens cinquante livres par an, & qui restera ainsi que le surplus de ladite Masse entre les mains du Tresorier, pour estre payé suivant les formalitez cy-dessus prescrites en Temps de Paix.

CXXXII.

Pour tenir lieu de Remonte, Ustancile & Fourrages.

AU lieu des Six cens livres de remonte que les Capitaines de Dragons doivent toucher en Temps de Paix, & de l'Ustancile & Fourrages que les Capitaines & autres Officiers de Dragons touchoient par le passé pendant la Guerre, chaque Capitaine de Dragons recevra à l'avenir durant la Guerre, la somme de Six mille deux cens livres par an, le Capitaine en second celle de Huit cens livres, le premier Lieutenant Six cens livres, le second Lieutenant Cinq cens livres, & le Mareschal des Logis Quatre cens livres.

CXXXIII.

A l'égard des Officiers de l'Estat Major, le Mestre de Camp de Dragons recevra par chacun an la somme de Deux mille livres, au de-là des Six mille deux cens livres qu'il doit avoir en qualité de Capitaine, & des Trois mille six cens livres qui luy sont deûes en qualité de Mestre de Camp; Le Lieutenant-Colonel aura Quinze cens livres au delà de ce qui luy doit estre payé en qualité de Capitaine; Le Major Mille livres outre ses Appointemens ordinaires; l'Ayde-Major Huit cens livres aussi d'augmentation, Et il sera de plus payé à l'Aumosnier qui sera à la suite de chaque Regiment en Temps de Guerre, la somme de Six cens livres.

Estat Major d'un Regiment de Dragons en Temps de Guerre.

CXXXIV.

OUTRE les Appointemens cy-dessus specifiez, les Officiers de Dragons continüeront de recevoir les Pensions attachées à leurs Charges.

Pensions des Officiers de Dragons.

CXXXV.

EN Temps de Guerre il ne sera fait dans la Cavalerie & les Dragons que trois Reveües pendant la Campagne, ainsi qu'il est cy-devant ordonné pour l'Infanterie; La premiere au mois de May, sur laquelle les Compagnies seront payées tant pour ledit mois que pour celuy de Juin; La seconde au mois de Juillet, qui servira tant pour ledit mois que pour celuy d'Aoust; Et la troisiéme au mois de Septembre qui servira pour ledit mois & pour celuy d'Octobre, Et il ne sera compris dans lesdites Reveües que les presens & effectifs.

Reveües de la Cavalerie & des Dragons en Temps de Guerre.

CXXXVI.

LORSQUE Sa Majesté jugera à propos de faire fournir le Pain à ses Troupes, la Ration sera de vingt-huit onces de Pain, poids de Marc, au lieu des vingt-quatre onces dont elle estoit cy-devant composée, sans que pour raison de cette augmentation on puisse faire payer au Soldat plus de deux sols pour chaque Ration : Voulant

Fixation de la Ration de Pain.

au contraire Sa Majesté que lorsqu'elle coustera moins que deux sols, on ne retienne au Soldat que le prix effectif de ladite Ration. Sa Majesté dérogeant aux precedentes Ordonnances en ce qu'il pourroit y avoir de contraire à la Presente.

MANDE & Ordonne Sa Majesté aux Gouverneurs & à ses Lieutenans Generaux en ses Provinces, aux Gouverneurs ou Commandans dans ses Villes & Places, aux Intendans en sesdites Provinces & sur les Frontieres, aux Directeurs & Inspecteurs Generaux sur ses Troupes, aux Commissaires de ses Guerres, & à tous autres ses Officiers qu'il appartiendra, de tenir la main à l'Execution de la presente. FAIT à Paris le sixiéme jour d'Avril mil sept cens dix-huit. *Signé* LOUIS. *Et plus bas*, PHELYPEAUX.

www.ingramcontent.com/pod-product-compliance
Lightning Source LLC
LaVergne TN
LVHW010004230826
846092LV00002B/643

9782329616636